Grand Referendum National

EN 1896

TANANARIVE

Qu'y ferons-nous ?

ÉVACUATION

OU

CONDAMNATION

DE TOUS

les Ministres, Sénateurs, Députés, Fonctionnaires
qui ont poussé à cette déplorable aventure
à aller peupler Madagascar
avec leurs femmes et leurs enfants.

Toutes reproductions sont autorisées

GRAND REFERENDUM NATIONAL

EN 1896

TANANARIVE

Qu'y ferons-nous ?

ÉVACUATION

OU

CONDAMNATION

DE TOUS

les Ministres, Sénateurs, Députés, Fonctionnaires
qui ont poussé à cette déplorable aventure
à aller peupler Madagascar
avec leurs femmes et leurs enfants.

Depuis longtemps on s'occupe de Madagascar au corps législatif et dans le pays. Déclarations ministérielles, discussions parlementaires, polémiques de journaux, conférences de géographes en chambre, récits d'explorateurs divers, vœux des Sociétés commerciales, politiques, littéraires, poétiques et réclamières à outrance n'ont pas épuisé le sujet.

Un bas-Normand offre aux français cette nouvelle élucubration.

I

Je ne suis pas de ceux qui poussent les citoyens à se mépriser les uns les autres. Je ne suis pas de ceux qui cherchent à apporter la désunion entre les membres d'une grande famille, d'une grande nation. Je ne suis pas de ceux qui excitent les gouvernés contre les gouvernants. Dans tout gouvernement, qu'il soit monarchique ou républicain, il faudra toujours qu'il y ait des maîtres et des sujets ou des chefs et des citoyens obéissants. Qu'on ne me prenne donc point pour un anarchiste ou même pour un socialiste radical, à l'instar de tant de parlementaires qui s'attribuant ces épithètes dans leurs professions de foi ont néanmoins voté des deux mains cette fatale expédition de Madagascar. — Je ne suis qu'un très obscur français aimant passionnément sa patrie.

C'est un crime, disent les chauvins français, d'étaler devant le public, devant l'étranger surtout, la faiblesse, les fautes, les imperfections de son pays. Je suis quant à moi d'un avis totalement opposé, et trouve que c'est un devoir d'agir autrement; c'est même une mauvaise action de ne pas exprimer sa pensée franche et nette, surtout en République, lorsqu'existe la liberté de la presse ; c'est être anti-patriote que de ne pas dévoiler ce que l'on a d'incrusté dans l'âme, quand on est convaincu qu'en signalant les fautes commises on peut empêcher la ruine irréparable de sa patrie. Or, pour celui qui trace ces lignes, l'expédition de Madagascar est le ver rongeur qui percera tôt ou tard la coque du magnifique vaisseau « La France » et le fera sombrer au fond des mers. Tel est le mobile qui m'a poussé à écrire ces pages. — Dieu veuille que ces sinistres pressentiments de naufrage de la patrie ne soient qu'un fantôme et ne se réalisent jamais. C'est le vœu le plus cher que tont Français doit former !

II

Le 20 décembre 1894, a paru à Perpignan une petite brochure intitulée *Ma Conquête de Madagascar*. L'inconnu signataire de cette plaquette, émettait l'idée que pour bien des raisons diverses on ne devrait conquérir que diplomatiquement cette grande île africaine. Un ambassadeur jeune et galant s'emparant par les charmes de sa personne et la générosité de ses présents du cœur de Ranavolo, des attachés diplomates et leurs femmes choisies parmi les plus intelligentes et les plus jolies françaises d'un certain monde séduisant la cour d'Emyrne, les missionnaires français protégés de façon très efficace par le Gouvernement de la Mère-Patrie et luttant contre les missionnaires méthodistes anglicans, causes de toutes nos difficultés, lui paraissaient plus utiles que des soldats pour la conquête de la grande île. Il aurait suffi d'occuper militairement certains ports, de les fortifier solidement en dépensant une vingtaine de millions, de faire en ces lieux de refuge des dépôts de charbon pour nos flottes, et nous aurions tiré de notre conquête tout le profit désirable.

Si on avait suivi les conseils humoristiques de cet inconnu de nombreuses familles françaises ne seraient point aujourd'hui dans la désolation, pleurant leurs enfants martyrs de cette meurtrière expédition. On ne verrait pas en France quantité de jeunes gens dont la santé perdue ne promet plus qu'une triste fin d'existence. Voilà l'œuvre dont sont coupables les auteurs de cette fatale campagne. Peut-être même quelques-uns ont-ils poussé à cette maudite aventure pour s'enrichir ? Les cheveux se dressent d'eux-même sur les têtes quand on pense à ces monstruosités politiques.

Nous voilà pourtant à Tananarive après une dépense improductive d'au moins une centaine de millions et la mort irréparable de milliers de pauvres soldats français, kabyles et arabes.

Que ferons-nous ? que ferons-nous ? telle est la préoccupation générale dans toute la France. Eclairons-nous par l'histoire du passé.

Voici plus de 65 ans que nous avons commencé la conquête de l'Algérie. Nous n'y sommes encore que campés. Si nous n'avions pas dans cette colonie une armée d'une quarantaine de mille hommes aguerris, les Arabes nous en chasseraient promptement. Que les communications maritimes soient interrompues entre la France et l'Algérie, quoique cette dernière soit si proche des rivages de la Mère-Patrie, l'Algérie nous échappera immanquablement comme l'Egypte sous le Consulat. Aux jours néfastes de 1870, la terrible insurrection arabe a failli réussir. Nous avons cependant depuis 1830 dépensé des milliards en Algérie et sacrifié des quantités d'hommes. Quels résultats obtenus ? l'Algérie coûte toujours à la France, le nombre des Européens qui s'y sont fixés est dérisoire, les français y sont en grande minorité, presque tous les immigrés sont Espagnols, Italiens, Maltais ! Travaillerons-nous donc toujours pour des étrangers ?

Les juifs indigènes, très nombreux en cette colonie algérienne, et que nous avons commis la grande faute de naturaliser français par le décret de Crémieux, en septembre 1870, seront toujours nos ennemis mortels. Au premier soulèvement des Arabes, ces juifs, quoique naturalisés français, seront indubitablement, pour s'enrichir, les importateurs d'armes et de munitions des révoltés, comme leurs pères étaient les fournisseurs des contingents d'Abd-El-Kader. Les bons chiens chassent toujours de race !

L'Arabe est brave, belliqueux, diront les chauvins français, le Malgache est poltron, pacifique. — Erreur, profonde erreur !! — Si les Hovas ne se sont pas mieux défendus contre nous, c'est simplement parce qu'ils reconnaissent leur infériorité de tactique. C'était une ruse de fuir à notre approche, leur armement ne pouvant lutter contre le nôtre. Or je soutiens que le Malgache a le sang africain, qu'il a dans l'âme l'ardeur de la vengeance nationale, du patriotisme par conséquent. Mais en serait-il autrement, mieux vaudrait avoir affaire à un ennemi brave comme l'Arabe et le Kabyle, qu'à un ennemi poltron qui se venge toujours par la fourberie. Si le Malgache est lâche, qu'on retienne bien ceci : A Madagascar le poison a cours.

Il y a dans cette île quantité de plantes vénéneuses. Gare alors aux sources et aux fontaines empoisonnées. Lorsque des réquisitions seront faites pour la subsistance de colonnes en expéditions, ces insulaires nous vouant en leurs cœurs toute leur haine nationale essaieront d'empoisonner des bataillons entiers.

La situation n'est d'ailleurs pas la même qu'au moment de la conquête d'Alger.

En 1830, l'Europe était en paix. Aujourd'hui, tout le monde le pressent, nous sommes peut-être à la veille d'une conflagration européenne qui peut détruire même notre nationalité. De là nos grands préparatifs d'armements actuels. Depuis 1830, quels changements à notre détriment.

Les fautes immenses du second Empire qui ont tant affaibli la France n'avaient point encore été commises. On peut énumérer les principales :

L'insensée guerre de Crimée au profit exclusif des Anglais ;

La déplorable campagne d'Italie, créant l'unité d'un grand peuple à notre porte, unité tournée contre nous et constituée parce que Napoléon III était carbonaro ;

La folle expédition du Mexique entreprise pour enrichir les porteurs des bons Jecker ;

La meurtrière guerre et la cruelle invasion allemande de 1870 que les conseillers politiques de l'Impératrice auraient pu éviter.

Tel est le bilan du troisième Empire !

Quant à celui de la troisième République, il est à peu près semblable ;

La division des français en deux partis toujours en lutte : les croyants et les athées ;

La guerre sociale prête à se déclarer, plus terrible peut-être que jamais ;

L'aventure de la Tunisie qui nous a aliéné complètement l'Italie, aventure organisée pour enrichir les porteurs de la dette Tunisienne ;

L'expédition du Tonkin, vrai tonneau des Danaïdes du sang français, expédition n'ayant eu pour but que le succès d'opérations financières organisées par des aigrefins ;

Un budget plus lourd que jamais en dépenses de toutes sortes et s'augmentant annuellement ;

Un nombre de fonctionnaires de toutes les administrations s'accroissant sans cesse ;

Notre richesse agricole détruite, la valeur de notre sol français tombant de jour en jour ;

Enfin notre dépopulation nationale faisant concevoir pour notre race les plus grandes appréhensions. — En 1830, les françaises étaient encore femmes fertiles, aujourd'hui si elles ne sont pas encore toutes stériles, dans beaucoup de provinces du moins elles ont mis le Malthusianisme à la mode. Pour des raisons diverses d'économie domestique leurs maris ont adhéré à cette convention. Les familles jadis si nombreuses en France, comme elles le sont encore actuellement dans d'autres nations d'Europe, ne se rencontrent plus aujourd'hui que fort rares sur presque tout notre territoire. Deux ou trois enfants au plus par ménage au lieu de sept à huit en moyenne que l'on trouve constamment en Angleterre, en Allemagne, en Italie.

Tel est le bilan de la troisième République qui vaut celui du troisième Empire.

Que ferons-nous donc à Madagascar, île insalubre presqu'aussi grande que la France ? Là est le grave problème à résoudre, problème préoccupant si vivement notre patriotisme.

Dans 65 ans, si la France est encore maîtresse de Madagascar, nous aurons certes dépensé en cette île africaine des milliards et perdu des centaines de mille de soldats français. Il faudra toujours une vingtaine de mille hommes pour l'occupation d'un si vaste territoire si hostile à ses conquérants et nous n'y serons alors pas mieux campés qu'aujourd'hui, en 1895, dans l'Algérie que nous occupons cependant depuis plus de 65 ans.

Si à cette époque nous avons rendu cette grande île plus habitable, moins insalubre, par la création de routes, l'édification de ponts, le percement de tunnels, le fonctionnement de chemins de fer, l'assainissement des portions malsaines et fiévreuses, le creusement de canaux, la navigation rendue possible des rivières etc., etc.... ce qui n'est pas à croire, les français actuels sont des colonisateurs si peu sérieux, — nous n'en serons pas encore les maîtres indiscutés. Qui sait même si avant 65 ans, nous n'aurons pas perdu cette colonie, soit que l'étranger jaloux de la France la soulève à l'instar de Saint-Domingue contre notre domination, soit qu'une nation maritime profitant d'un moment de revers s'en empare et nous fasse perdre cette dispendieuse possession comme la Louisiane, le Canada, l'île Maurice, même les Indes où nous avions cependant le fameux Dupleix; mais ne mettons point les choses au pire.

Il faudra au moins vingt mille hommes pour l'occupation de cette île, protégée sérieusement ou annexée. Il sera donc de toute obligation d'avoir en France vingt mille autres soldats toujours préparés à s'embarquer pour Madagascar et à y remplacer les soldats français plus ou moins fiévreux et fatigués. Ce sera l'écrémage constant et la désorganisation de notre armée. Ah! que messieurs les Allemands et leurs amis doivent actuellement rire, se frotter les mains, se réjouir de notre nouvelle conquête, aussi africaine qu'épidémique. Les politiciens aveugles n'ont donc rien compris aux ruses hypocritres du docteur Wolf, agent spécial du gouvernement prussien, correspondant des journaux de Berlin, et nous assurant la bienveillance de l'Allemagne pour attacher à nos pieds ce lourd boulet.

III

Il ne sert pourtant de rien de gémir contre les faits accomplis. Nous sommes à Tananarive. Qu'allons-nous y faire?

On parlait d'annexion, ce qui était une situation franche, et de protectorat. Le Gouvernement s'est naturellement arrêté au protectorat. Un protectorat sérieux n'est qu'une annexion déguisée, aussi dispendieuse que l'annexion réelle, mais dissimulant le vrai mot, peut-être pour couvrir quelque louche tripotage, sauver quelque frauduleuse concession.

Avec le protectorat qui lui laisse son titre de Reine, Ranavolo profitera de la première occasion favorable pour déchirer le nouveau traité comme elle déchira celui de 1885. Les Hovas sont la duplicité même. Et il est certainement imprudent de laisser la porte ouverte à leurs espérances.

Pourquoi donc sur une question si grave et qui intéresse à un si haut point l'avenir de notre pays, n'imiterions-nous pas la République Suisse, notre voisine, que l'on plaisante parce qu'elle n'a point d'amiral, ce qui lui a permis de ne pas connaître M. Lockroy. Et nous ne pensons pas que ce soit pour l'Helvétie une mince supériorité.

Sans doute le mot effraie autant que la chose et, venir en France, à propos d'une question quelconque, parler de *referendum*, c'est faire hurler tous les parlementaires. Ce serait absolument risible si ce n'était pitoyable. Nous vivons théoriquement sous le gouvernement du pays par le pays. Mais si quelqu'un, comme nous, propose de demander au pays qui gouverne son opinion sur une question capitale, on lui répond : « Adressez-vous à Bobèche, il est beaucoup plus qualifié pour répondre que les familles qui donnent leur or et leur sang. »

En dépit de cette réponse nous pensons qu'il appartient à la nation seule d'imposer, sur ce point, sa volonté formelle. La question pourrait être nettement posée : Evacuation ou annexion. Et le suffrage universel prononcerait, sachant bien cette fois ce qu'il voudrait faire, ce qui lui arrive rarement quand il choisit des députés.

Qu'il soit permis maintenant d'examiner deux

hypothèses. La première est simple. Si la majorité des votants décide l'évacuation, pleurons nos soldats morts, regrettons nos millions perdus, assurons l'avenir de ceux dont la santé est irrémédiablement compromise, mais ne multiplions pas les victimes, n'augmentons pas les ruines.

Qu'on se contente d'occuper certains points, qu'on établisse des fortifications sérieuses à l'entrée de certaines baies, qu'on dépense au maximum une vingtaine de millions, qu'on organise sur les côtes des refuges maritimes et des dépôts de charbon pour les besoins de notre flotte.

Puis, qu'avec quelques garde-côtes, quelques sloops à vapeur on crée un service douanier qui nous indemnise un peu de nos pertes par des droits très élevés sur les entrées et les sorties des marchandises.

Cela fait, on aura donné satisfaction au suffrage populaire, à la dignité de la France et sauvegardé l'avenir.

Mais si au contraire la majorité se prononçait pour l'annexion pure et simple de la grande île, cette hypothèse mérite un examen plus sérieux et plus approfondi.

Le problème comporte l'examen d'une double question : la première c'est la conquête, la seconde c'est la colonisation au profit de la France.

Pour conquérir et coloniser il y a deux procédés : l'un, celui de la France qui consiste à essayer d'acclimater l'indigène, de le civiliser, de lui faire aimer son vainqueur ; l'autre, celui de l'Angleterre, des Etats-Unis, consiste à supprimer l'ennemi et à le remplacer par des colons. Le premier système est très grand, très généreux, mais irréalisable et stupide ; le second est extrêmement pratique, mais inique et cruel. Il faut choisir.

Si on veut donc oublier les rêveries sentimentales et faire que cette annexion ait toutes les conséquences qu'elle doit comporter, pour devenir plus tard une indemnité sérieuse des immenses sacrifices de la mère-patrie, il faut agir d'abord comme les Yankees, quand ils veulent s'établir dans un territoire indien, et s'en rendre absolument les maîtres. Il faut par tous les moyens chasser l'élément indigène. Ni l'absinthe, ni les alcools, ni l'opium n'arriveraient assez promptement à nous débarasser de plusieurs millions d'indigènes malgaches, et à les faire complètement disparaître. Un virus quelconque, semblable à ceux qui font tant de ravages parmi les lapins et les poules, ne les anéantirait même pas à très longue échéance. Du reste, il faut croire que la France chrétienne et civilisatrice renierait ce moyen par trop barbare.

Il faudrait donc tout simplement acculer ces indigènes dans une portion de l'île, s'en emparer vivants, et comme des esclaves les embarquer sur des flottes qui, pendant un certain temps, n'auraient pour toute navigation qu'à aller déposer ces Malgaches gênants sur le grand continent africain, ou sur les terres anglaises de l'Australie. Il faudrait complètement extirper la race indigène de toute l'île de Madagascar, afin qu'elle disparaisse entièrement de sa terre natale et qu'elle n'y laisse plus la moindre racine capable de produire à l'avenir des drageons. Ce serait renouveler l'histoire des Peaux-Rouges. Mais quand le but est injuste les moyens ne peuvent être délicats.

Cette cruauté, digne d'Attila, commise contre ces Malgaches n'ayant eu que le tort d'aimer leur patrie, nous assurerait seule la libre et paisible possession de notre conquête.

A la fin du siècle dernier on a bien fusillé en bloc, à Quiberon, de braves officiers français partisans de la séculaire Monarchie nationale, qui ayant juré fidélité au roi demeuraient simplement fidèles au serment prêté. D'ailleurs les personnages politiques, les aigrefins qui, il y a un an, ont poussé la France à cette désastreuse et dispendieuse conquête de l'île africaine, le tombeau de nos soldats et le boulet pesant qui nous gênera toujours dans nos futures guerres européennes, dans notre duel prochain avec l'Allemagne, ne feront certes pas les dégoûtés. Il est vrai que la justice prendrait aussitôt sa revanche.

Si la nation française, dans la plénitude de ses droits, décidait l'annexion de Madagascar, il faudrait, après avoir dépeuplé, repeupler, et pour cela appliquer les grandes règles de la responsabilité humaine. Pour nous une solution s'imposerait. Faire décréter l'exportation obligatoire vers la grande île de tous les ministres, sénateurs, députés qui ont poussé à cette pitoyable aventure. Ils verraient alors de très près les charmes des expéditions lointaines et les délices de la colonisation en terre africaine. D'un même coup la France peuplerait une colonie et se débarrasserait des sangsues qui la dévorent.

A ce point de vue l'expédition de Madagascar serait une grande date dans l'histoire de notre pays.

Pour enlever d'ailleurs aux immigrants toute arrière-pensée de retour, leurs biens en France seraient vendus et employés à payer les frais du premier établissement en terres malgaches.

Les politiciens exportés de France formeraient là-bas une sorte d'aristocratie particulière qui aurait bien son originalité. On pourrait même créer pour eux un ordre spécial : celui du chèque colonial.

Ils seraient les premiers occupants de l'île, à l'exemple des premiers convicts que l'Angleterre envoya en Australie. Ces riches expulsés attireraient immanquablement à leur suite quantité de serviteurs, d'ouvriers, d'ouvrières qui feraient souches françaises en ce vaste pays et y propageraient prodigieusement notre race.

Mais ce mode de repopulation de Madagascar serait encore trop lent, surtout s'il fallait compter sur les sénateurs.

Nous ne pouvons penser envoyer coloniser à Madagascar nos condamnés, puisque nous en avons besoin pour la perpétuation de notre race à Cayenne et à la Nouvelle-Calédonie.

On imiterait donc les exemples des Anglais en Australie en favorisant l'immigration et procurant immédiatement aux immigrés des femmes françaises qui deviendraient les mères de notre race dans l'Océan Indien. On copierait également les gouvernements Russes et Autrichiens qui pour peupler leurs frontières, ces immenses solitudes jadis incultes, y ont créé de nombreuses colonies militaires, colonies ayant admirablement réussi et peuplé des contrées autrefois inhabitées. Les habitants actuels, descendants de militaires, sont en outre animés du plus pur patriotisme national.

Il est peu probable que les jeunes soldats français originaires de la Mère-Patrie, leur trois ans de service terminés, aient le désir de renoncer à leurs payses. Les Françaises s'expatrient très difficilement. Ceux d'entr'eux qui témoigneraient le désir de devenir colons à Madagascar seraient le petit nombre. Mais on trouverait ailleurs des compensations.

Il devrait y avoir dans cette île un très nombreux contingent de soldats, tirailleurs algériens, sénégalais, haoussas, annamites, gens du reste parfaitement aptes à s'acclimater en cette seconde patrie beaucoup mieux que de vrais Français de naissance. Ces soldats au service de la France, leur temps d'engagement militaire terminé, contracteront facilement l'obligation de se marier (chez la plupart d'entre eux les femmes se paient par une do versée aux parents de la fiancée); en échange d cette obligation de vivre et de faire souche da l'île, on leur accorderait des concessions et avances d'argent.

Mais les femmes, me direz-vous? Les fer ils les choisiraient dans les dépôts féminins en plusieurs endroits de l'île.

Il ne serait point malaisé de remplir ce en faisant de Madagascar le lieu de relé toutes les femmes dont la police fait d Paris et en province. M. Béranger ne point son concours à l'application de cette loi nouvelle et là-bas, à l'abri des tentations et aussi de la misère, les déclassées d'ici feraient de bonnes mères de famille. Ce serait une sorte de conscription coloniale à l'usage des femmes en quête d'aventure.

Qui veut la fin, d'ailleurs, veut les moyens. Et comme pour coloniser il faut des colons, comme parmi ces colons il faut nécessairement des hommes et des femmes, l'Auvergne étant insuffisante pour repeupler la grande île, je mets au défi le plus habile de nos législateurs de trouver en France cinquante colons de bonne volonté : je ne parle point des femmes qui toutes pousseraient de hauts cris à la pensée de s'expatrier. Si donc personne ne vient bon gré, et si nous n'expédions personne de ce sera pour la liberté des serpents à sonque nous aurons dépensé nos millions et fait soldats.

plus perspicaces et de plus habiles que cé ces pages, pensent, dans l'intérêt ère France, aux solutions proposées. e celui qui signe :

Un bas-Normand.

1895.

Perpignan, Typ. Charles Latrobe.